Bibliografische Information der Deutschen Nationalbibliothek:

Die Deutsche Bibliothek verzeichnet diese Publikation in der Deutschen National-
bibliografie; detaillierte bibliografische Daten sind im Internet über http://dnb.d-
nb.de/ abrufbar.

Impressum:

Copyright © 2002 GRIN Verlag
Druck und Bindung: Books on Demand GmbH, Norderstedt Germany
ISBN: 9783656231172

Dieses Buch bei GRIN:

https://www.grin.com/document/31216

Christoph Poß

Geschichte der Pflege in der Psychiatrie 1945 - 2000

GRIN Verlag

GRIN - Your knowledge has value

Der GRIN Verlag publiziert seit 1998 wissenschaftliche Arbeiten von Studenten, Hochschullehrern und anderen Akademikern als eBook und gedrucktes Buch. Die Verlagswebsite www.grin.com ist die ideale Plattform zur Veröffentlichung von Hausarbeiten, Abschlussarbeiten, wissenschaftlichen Aufsätzen, Dissertationen und Fachbüchern.

Besuchen Sie uns im Internet:

http://www.grin.com/

http://www.facebook.com/grincom

http://www.twitter.com/grin_com

Geschichte der Pflege in der Psychiatrie 1945 – 2000

Evangelische Fachhochschule Ludwigshafen

Hochschule für Sozial- und Gesundheitswesen

Hausarbeit zum Referat vom 12. Juni 2002

Seminar:
Neuzeitliche Pflege im gesellschaftlichen Kontext

---

von

Christoph Poß

Geschichte der Pflege in der Psychiatrie

1945 – 2000

1. Einleitung

Die Zeit nach dem 2. Weltkrieg (1939 – 1945) erforderte für die Psychiatrie in Deutschland einen totalen Neuanfang. Durch deren Missbrauch im Nationalsozialismus mussten die bisherigen Konzepte verworfen und völlig neue geschaffen werden. Dies war nicht einfach, galt es doch, zunächst einmal mit einer unheilvollen Vergangenheit fertig werden zu müssen. Anfangs wurde einfach verdrängt was in der Psychiatrie während dieser Zeit geschehen war, so dauerte es Jahrzehnte, bis dieses dunkle Kapitel der deutschen Geschichte überwunden war.

Was mir beim Studium der Fachliteratur zu diesem Thema aufgefallen ist, war die historische Tatsache, dass nicht die Politik die Veränderung in der Psychiatrie eingeleitet hat, sondern engagierte Psychologen, Journalisten, Pflegekräfte, Psychiater und viele andere, die einen Wandel in der Psychiatrie forderten und letztendlich auch umsetzten. Auch wenn heute immer noch nicht alles erreicht worden ist, was einst gefordert wurde, ist die Psychiatrie ein großes Stück menschlicher geworden.

2. Psychiatrie nach 1945

Nach dem 2. Weltkrieg war das psychiatrische Versorgungssystem in katastrophalem Zustand. Die Gebäude waren zerstört, es gab nur große Anstalten, die auf die „Verwahrung" der psychisch Kranken ausgerichtet waren. Zu wenig Personal und eine nicht ausreichende Zahl von Betten erschwerten die fachgerechte Betreuung.

Nach den Nürnberger Ärzteprozessen, bei denen die Verbrechen der Ärzte, des Pflegepersonals und anderer Mitwirkenden in die Öffentlichkeit gelangten, hatte die Psychiatrie jeglichen Kredit verspielt. Ein Teil des Personals, das zu dieser Zeit arbeitete, hatte in Tötungsprogrammen des NS-Staates mitgewirkt. „Ärzte, die in den Vergasungs-Anstalten eingesetzt waren, konnten weiterhin praktizieren - bis 1985." [1]

Die Bedingungen der Unterbringung waren unzumutbar. Chronische Überbelegung, Massenschlafsäle und mangelnde Intimsphäre bereiteten große Probleme. Der Umgang des Pflegepersonals mit den psychisch Kranken, war zu vergleichen mit dem Verhalten von Gefängnisaufsehern.

---

[1] E. Klee, 1986, S.13

3

Die Situation der Patienten wurde weder von der Öffentlichkeit noch von der Politik zur Kenntnis genommen. Es sollte noch einige Jahre dauern bis man sich Gedanken über die Situation der Betroffenen in der Bundesrepublik Deutschland machte.

2.1. Das Pflegepersonal der Nachkriegszeit

Das Personal dieser Zeit hatte keine professionelle Ausbildung. Oft war das einzige Auswahlkriterium, die physische Stärke der Wärter. Die Arbeitsbedingungen waren bescheiden und das Pflegepersonal wurde an strengen Zügeln geführt. Die Arbeitszeit betrug 72 Wochenstunden, lediglich jeder 3. Sonntag war frei, der Jahresurlaub betrug 6 Tage und der Urlaubsort musste dem Oberpfleger mitgeteilt werden. Der Abendausgang war bis 22:00 beschränkt.

Zur Ausbildung des Pflegepersonals wurde der „Scholz Leitfaden für Irrenpfleger" herangezogen. Diese Schrift wurde vom Nervenarzt Dr. Ludwig Scholz, (1. Auflage: 1900) verfasst und bis in die 50er Jahre als Orientierung für die Ausbildung genutzt. Aus dem Leitfaden geht hervor, dass der Pfleger ein Mensch mit äußerster Selbstbeherrschung und Selbstkontrolle sein sollte. Der pflegerische und der ärztliche Arbeitsbereich waren strikt getrennt. Es wurde explizit darauf hingewiesen, dass der Pfleger kein eigenes Urteil zu fällen, oder gar eine Diagnose zu stellen hatte. Alle Veränderungen waren dem Arzt sofort mitzuteilen.[2]

2.2. Therapieformen

Die Therapieformen beschränkten sich auf eine Elektroschock- und Arbeits-Therapie. Zu dieser Zeit war die Elektrokrampftherapie eine gängige Behandlungsmethode ohne Alternativen. Sie verbesserte nicht das Leiden der Patienten, sondern nur deren Führbarkeit. Shoor und Adams geben zu: „Unser Ziel war nicht die Heilung, es beschränkte sich auf die Verbesserung des Verhaltens auf der Station.".[3]
Die Anwendung der Arbeitstherapie war das Mittel der Wahl. Durch sie wurden die Kranken, als billige Arbeitskräfte zum Wiederaufbau der zerstörten Gebäude missbraucht. Ein willkommener Nebeneffekt war, dass die Patienten körperlich erschöpft und somit ruhiger in ihrem Verhalten waren. Dadurch konnte die Verordnung von Beruhigungsmitteln um ein Drittel gesenkt und die Materialschäden durch randalierende Kranke reduziert werden. Die

---

[2] vgl. M. Konrad, 1985, S.48 ff
[3] F. Reimer u. D. Lorenzen, 1996, S.75

4

Arbeitstherapie wurde nicht als therapeutischer Nutzen für den Patienten eingesetzt, sondern als Arbeitserleichterung für die Psychiatrie und deren Personal.

3. Psychiatrie in den 50er Jahren

Die 50er Jahre sind gekennzeichnet durch die Einführung von Psychopharmaka und das Überdenken der Situation der Psychiatrie und der psychisch Kranken in unserem Land.

3.1 Einführung von Psychopharmaka

Mit der Einführung der ersten Psychopharmaka, erhofften sich die Psychiater eine neue Ära in der Behandlung von psychisch Kranken. Zunächst stand diese Therapie neben den anderen Behandlungsarten, es sollten die bewährten Methoden durch den neuen Trend nicht verdrängt werden. „Zudem ging durch diese Behandlungsart die Zahl der arbeitenden Patienten und deren Arbeitsleistung zurück, was sich im Krankenhausbetrieb .... empfindlich bemerkbar machte."[4]

Aber der Siegeszug der Psychopharmaka lies sich nicht aufhalten. Es dauerte nicht lange, bis sie als Haupttherapieform eingesetzt wurde. Die Elektroschocktherapie verlor schlagartig ihren hohen Stellenwert.

Die Arbeitstherapie wurde später nicht mehr willkürlich eingesetzt, sondern teils in industrielle Serienbeschäftigung, teils in kreativitätsorientierte Beschäftigungstherapie umgewandelt.

Durch die Psychopharmaka wurde das Verhalten auf Station, laut Jahresberichten, deutlich verbessert. Die Gewalt auf Stationen lies nach, schwierige Patienten wurden umgänglicher. Durch die Platznot in den Psychiatrien, musste die medikamentöse Behandlungsmethode mehr als zuvor in die Behandlungspläne eingebaut werden. Es konnten nun mehr Patienten betreut und auch wieder schneller entlassen werden. „Die Konsequenzen für den Stationsalltag liegen auf der Hand: starke Fluktuation, die nähere Bekanntschaft zwischen Patienten und Pfleger verhindert; ... das Pflegepersonal wird mit Patienten konfrontiert, die immer wieder aufgenommen werden - eine Quelle zunehmender Frustration."[5]

---

[4] F. Reimer u. D. Lorenzen, 1996, S.81
[5] M. Konrad, 1985, S. 44

3.2 Psychiatrie unter „Attacke"

In den 50er Jahren gerieten die psychiatrischen Krankenhäuser zunehmend unter „Attacke".[6] Die ersten Stimmen wurden laut, die die Situation der psychisch Kranken in Deutschland anklagten. 1953 forderte die WHO (Weltgesundheitsorganisation) die Versorgung psychisch Kranker vom Krankenhaus in die Gemeinde zu verlegen.

Die WHO hatte viele Probleme der psychiatrischen Versorgung von Experten und in international vergleichender Sicht untersuchen lassen und die Ergebnisse veröffentlicht. Die Resonanz auf diese Berichte war eher gering. Die Regierungen der verschiedenen Länder verhielten sich sehr zurückhaltend, die Politiker sahen in der Versorgung psychisch Kranker kein vorrangiges Problem.

Zu dieser Zeit begann eine große Wende der Psychiatrie in den USA und Großbritannien, die allerdings in der Bundesrepublik Deutschland nicht sonderlich wahrgenommen wurde. Soziologen und Journalisten hatten die Realität hinter den Mauern beschrieben.

4. Psychiatrie in den 60er Jahren

In den 60er Jahren nahm die Kritik am psychiatrischen Versorgungskonzept weiter zu. Der Einfluss von Psychologen und Soziologen auf die Psychiatrie wuchs. Immer noch waren es die Pflegekräfte, die am wenigsten in die neue Planung und Umstrukturierung der Psychiatrie einbezogen wurden. Ihre Rolle reduzierte sich auf das Austeilen von Medikamenten und ärztliche Handreichungen.

1961 forderte der Gesundheitsminister eine bessere Ausbildung für Pflegekräfte, so wurde in diesem Jahr z.B. in Heidelberg die zweijährige Zusatzausbildung zur „Fachpflege in der Psychiatrie" ins Leben gerufen.
1966 wurde die Karrieremöglichkeit für das Pflegepersonal verbessert, indem es ein größeres Mitspracherecht auf der Organisationsebene der Kliniken bekam.

---

[6] vgl. D. Falkenstein, 1993, S.8

6

4.1. Die Psychiatrie in der Kritik der Öffentlichkeit

„Immer mehr Beschäftigte der Psychiatrie wandten sich an die Öffentlichkeit."[7] So wies der Mannheimer Psychiater Häfner auf gravierende Mängel in der psychiatrischen Versorgung hin. Karl Peter Kisker forderte 1964 eine radikale Wende in der Psychiatrie und der Historiker Frank Fischer veröffentlichte sein Buch „Irrenhäuser - Kranke klagen an". Er hatte zuvor als Hilfspfleger in einigen psychiatrischen Krankenhäusern gearbeitet. Sein Bericht war erschütternd, er schrieb von sadistischen Quälereien, Vernachlässigung sozialer Bedürfnisse und schlimmen Umgangsformen des Pflegepersonals.

4.2. Die Antipsychiatrie

Durch die Veröffentlichung von Historikern und Psychiatern wurde die Bewegung der Antipsychiatrie in Deutschland angeregt. Sie klagte das Bio- Med. Modell der Psychiatrie an, forderte mehr Zuwendung für psychisch Kranke und verurteilte das unbekümmerte Austeilen von Psychopharmaka. Psychische Erkrankungen seien kein pathologisches Phänomen, sondern ein sozialpolitisches und gesellschaftliches Problem. Die in der Psychiatrie Festgehaltenen, seien nicht krank, sondern weichen nur von der gesellschaftlichen Norm ab. Zu den wichtigsten Gegnern der Psychiatrie zählen sicherlich R.D.Laing, D.Cooper, K.P.Kisker und der Italiener Franco Basaglia.

Die heutigen Reformen der Psychiatrie wurden sichtlich auch durch die Antipsychiatrie geprägt. Es war wichtig, eine andere Seite der Psychiatrie zu zeigen. Franco Basaglia setzte hierfür als unerschrockener und politisch engagierter Kämpfer die Akzente. 1961 übernahm Basaglia die Leitung der Psychiatrie in Görz. Es herrschten dort Verhältnisse, die als menschenunwürdig zu bezeichnen waren. Basaglia setzte sich als erstes zum Ziel, sich für die Abschaffung aller Zwangsmittel einzusetzen. 1962 wandelte er die erste geschlossene Abteilung in eine offene um. Vier weitere Abteilungen folgten diesem Beispiel im Jahre 1963. Es entstanden erste Teilformen einer Patientenselbstverwaltung, es wurden Feste veranstaltet und Ausflüge organisiert.

Obwohl Basaglia für sich den Begriff „Antipsychiatrie" ablehnte, wurde die italienische Reformbewegung von Anhängern des antipsychiatrischen Gedankengutes lautstark als Vorbild gefeiert und die Auflösung der Großkrankenhäuser gefordert.

---

[7] D. Falkenstein, 1993, S.9

4.3 Veränderungen auch durch das Pflegepersonal

Wie aus ärztlichen Berichten zu ersehen ist, gingen auch einige Veränderungen vom Pflegepersonal aus. An verschiedenen Kliniken arbeiteten Pflegekräfte im Bezugssystem, d.h. die Betreuung der psychisch Kranken wurde auf ihre individuellen Bedürfnisse ausgerichtet. Sie wurden ermutigt zu lesen, Alltagsarbeiten zu verrichten und Verantwortung zu übernehmen. Trotzdem wurde der pflegerische Aspekt weiterhin meist nicht in das Behandlungskonzept mit einbezogen. Die medikamentöse Behandlung und der Einzug von Psychologen und Sozialarbeitern, drängten die psychiatrische Pflege und ihre Mitwirkung an Veränderung weiter in den Hintergrund.

5. Psychiatrie in den 70er Jahren

In dieser Zeit wurden, für das Pflegepersonal, Fortbildungskonzepte entwickelt, die dessen Kompetenz auf den Bereich des therapeutischen Arbeitens erweiterten. Die Sozialpsychiatrischen Aktivitäten veränderten auch in Deutschland die traditionellen Konzepte der psychiatrischen Versorgung. Wesentlich gekennzeichnet sind die 70er Jahre durch die Psychiatrie-Enquete der Bundesregierung, die 1971 ins Leben gerufen wurde.

5.1. Pflegepersonal als Partner der Ärzte

In den 70er wurde das Pflegepersonal im Umgang mit psychisch Kranken besonders geschult. Es wurde nunmehr größerer Wert auf psychosoziale Betreuung gelegt. Das Pflegepersonal sollte als Partner der Ärzte, Psychologen und Beschäftigungstherapeuten mehr in die Therapie einbezogen werden.

In einigen Psychiatrischen Krankenhäusern (z.B. Bad Schussenried) wurden Pflegekräfte zu Fortbildungslehrgängen verpflichtet. Neu eingestelltes Personal wurde in die Grundzüge der psychiatrischen Krankenpflege eingeführt. Sozialpsychiatrische Aktivitäten wurden zunehmend mehr beachtet. Diese waren, zum Beispiel, Gruppentherapie, Gesprächs-therapie, Tanzabende, Sportveranstaltungen und kreative Beschäftigungstherapie.

5.2. das „alte" und das „neue" Pflegepersonal

Durch die Zunahme der sozialpsychiatrischen Arbeit in der Psychiatrie, spaltete sich das Pflegepersonal in zwei Lager, das „alte" und das „neue" Pflegepersonal. Die neuen Pflegekräfte betreuten die Patienten nach neuen Gesichtspunkten, sie redeten z. B. viel mit den Kranken, was wiederum vom alten Personal als „schwätzen" deklariert und als faulenzen bewertet wurde. Es verstand unter Arbeiten, das Reinigen der Station und die körperliche Versorgung der Kranken.

Die älteren Pflegekräfte bewahrten sich in dieser Weise davor, auf neue Verfahrensweisen der „modernen Psychiatrie" festgelegt zu werden. Ein Problem für sie war sicherlich auch, dass das Prinzip des „Schwätzens" einer anderen Berufsgruppe, nämlich jener der Sozialpädagogen und Psychologen zugeordnet wurde. So dauerte es bis Anfang der 80er Jahre, ehe sich die sozialpsychiatrischen Prinzipien auch in der Pflege etablieren konnten.

5.3. Psychiatrie-Enquete

Ein wichtiger Einschnitt in der Geschichte der Psychiatrie war die Psychiatrie-Enquete. 1971 lässt die Bundesregierung einen Bericht über den Zustand der Psychiatrie in Deutschland anfertigen. Die Sachverständigenkommission bestand ursprünglich aus 17 berufenen Mitgliedern, am Ende waren es 26. Dazu kamen mehr als 200 Mitglieder aus Arbeits- und Expertengruppen. Der Schlussbericht wurde 1975 vorgelegt.

1973 demonstrierte der Zwischenbericht den Zustand der psychiatrischen Fachkrankenhäuser als „brutale Realität". 59 % der Kranken waren mehr als zwei Jahre untergebracht, 39 % der Patienten mussten in Zimmern mit 11 oder mehr Personen leben. Die meisten Kranken die schon viele Jahre in der Psychiatrie verbringen mussten, hatten oftmals nur eine Schachtel unter ihrem Bett für ihre persönlichen Sachen.

Der Anstoß zu Veränderungen kam nicht durch die Psychiater oder die Fachvertreter des Gesundheitssystems. Die Regierung griff erst zu Maßnahmen als der öffentliche Druck durch Presse, Funk und Fernsehen stärker wurde.

Jahrzehnte lang wurde das Elend der Psychiatrie gleichgültig hingenommen, jetzt endlich die Reform, weg von den psychiatrischen Großkrankenhäusern, die Lösung hieß „gemeindenahe Betreuung". In der Zusammenarbeit zwischen Ärzten und Sozialdiensten bestanden Katastrophale Lücken

Im Schlussbericht 1975 wurde darauf hingewiesen, dass „die psychiatrische Versorgung Kranker und Behinderter in der BRD dringend verbesserungsbedürftig ist. Bereits vielfach dokumentiert ist die missliche Lage aus dem vorigen Jahrhundert und der Zeit um die Jahrhundertwende stammenden psychiatrischen Fachkrankenhäuser... die die Hauptlast der stationären Versorgung tragen und insgesamt mit 60 % Langzeitpatienten belegt sind. Ihre Bettenzahl ist zu groß, ihre Bausubstanz veraltet, ihre geografische Lage teilweise ungünstig." [8]

5.4 Empfehlungen der Psychiatrie-Enquete

- Bedarfsgerechte und umfassende Versorgung aller psychisch Kranker und Behinderter
- Koordination aller Versorgungsdienste
- Gleichstellung von psychisch Kranken und somatisch Kranken
- Förderung der Aus-, Weiter- und Fortbildung
- Gemeindenahe Versorgung [9]

6. Psychiatrische Krankenpflege heute

Der historische Vorläufer der heutigen psychiatrischen Krankenpflege war sicherlich der „Irrenwärter". Er war unqualifiziert und unzureichend auf seine Aufgaben vorbereitet. Diese beschränkten sich auf das Bewachen und Bändigen der „Irren", die Verhinderung von Aggressionsausbrüchen und die Aufrechterhaltung eines Mindestmasses an Ordnung und Sauberkeit.

Diese Zeiten sind sicherlich endlich überwunden, doch spielt das Bändigen und Beaufsichtigen, die Unterdrückung unerwünschter Lebensregungen und die Aufrechterhaltung der Ordnung noch immer eine Rolle in der psychiatrischen Krankenpflege. Nüchtern betrachtet sind diese Aufgaben unverzichtbar, es geht heute aber darum, diese in einem humanen, menschenwürdigen und rechtlichen Rahmen auszuführen.

---

[8] Bundes-Drucksache, 1975, 7/4200, S.6
[9] Bundes-Drucksache, 1975, 7/4200, S.16 ff

6.1. Aufgaben der Psychiatrischen Krankenpflege Heute

- Diskrete Beobachtung der Patienten, Intimsphäre wahren
- Begleitung des Patienten bei diagnostischen und therapeutischen Maßnahmen
- Dem Patienten ein „Dolmetscher" sein, notwendige Maßnahmen verständlich machen, die Bedürfnisse des Patienten an andere heranzutragen, wenn dieser nicht dazu in der Lage ist
- Erfüllung der Grundbedürfnisse, Körperpflege, Essen, Trinken, Ruhepausen und Schlaf
- Behandlungspflege z. B., Milieutherapie, Lebenspraktisches Training, Gesprächsführung, medizinisches Arbeiten und auch die psychotherapeutische Arbeit [10]

7. Literaturverzeichnis

1. Bundesregierung; Drucksache 7/4200, Bericht über die Lage der Psychiatrie in der BRD, Universitäts- Buchdruckerei Bonn 1975
2. Ehrhart Helmut; die Psychiatrie-Enquete, In: Archiv für Wissenschaft und Praxis der sozialen Arbeit vom Februar 1977
3. Falkenstein Dorothe (03.05.2002); Anmerkung zur deutschen Pflegegeschichte, http://www.thieme-connect.de/BASScgi/4
4. Häfner Heinz (29.04.2002); Die Entwicklung der Klinischen Psychiatrie in der 2. Hälfte des 20. Jahrhundert, http://www.thieme-connect.de/BASScgi/4
5. Kohl F. (29.04.2002); Grundlinien der psychiatrischen Krankenhaus- und Institutionsgeschichten in Deutschland, http://www.thieme-connect.de/BASScgi/4
6. Klee Ernst; Was sie taten- Was sie wurden, Fischer Verlag, Frankfurt/M. 1986
7. Konrad Michael; Bändigen, Pflegen, Therapieren; Campus Verlag, Frankfurt/M. 1885
8. Luderer H.J. (02,04,2002); Geschichte der Psychiatrie, http://www.lichtblick99.de/historisch.html
9. Müller Christian; vom Tollhaus zum Psychozentrum, G.Pressler Verlag, Hürtgenwald 1993
10. Rechling T./ Vliegen J.; Die Psychiatrie in der Kritik, Springer verlag, Berlin/Heidelberg 1995
11. Reimer F./Lorenzen D.; Moderne Psychiatrie gestern und heute, Braun verlag, Karlsruhe 1996

---

[10] vgl. Dr. W. Weig, 1988, S.13 ff

12. Rittmeyer Christel; Bewegung durch Ausgrenzung, Deutscher Studien Verlag, Weinheim 1988

13. Weig Wolfgang; Psychiatrische Heute, Verlag Kirchheim + Co, Mainz 1988

14. Welkens Karlheinz; Düsteres Spiegelbild, In: Rheinische Post vom 26.11.1975